# LE NAUFRAGE

## HÉROÏQUE

## DU VAISSEAU

## LE VENGEUR.

*OPERA EN TROIS ACTES;*

PAR LES CITOYENS MOLINE et PAGÈS;
MUSIQUE DU CITOYEN DUBOULAY.

*Représenté à* PARIS, *au Théâtre de l'Égalité;
ci-devant Le Théâtre Français, Fauxbourg
Germain.*

---

## A PARIS.

Chez C. HUGAND, rue de la Juiverie N° 15.
Et à l'Imprimerie CÉLÈRE, rue Galande N° 63.

*AN III de la* RÉPUBLIQUE.

## ACTEURS DU PREMIER ACTE.

LA DISCORDE. Les citoyennes Gasse,
LA TRAHISON,       Mézieres,
LA FAMINE.        Balassé.
L'ANGLETERRE.      Barroyer.
DEMONS,

UN CONSPIRATEUR. Le cit. Fradel.
PLUSIEURS CONJURÉS.

UN OFFICIER de Marine. Le cit. Platel.
Troupe de soldats,

---

## ACTEURS DU SECOND ET TROISIÈME ACTE.

LE REPRÉSENSANT du Peuple. Les cit. Cretu,
LE MAIRE de Brest.     Chevreuil.
Une citoyenne.     La cit. Verteuil,
Un Salpêtrier     Les cit. Mikalef,
Un Vétéran.      Lescouat-Valvile,
Un Citoyen.      César, et Bourgeois.
Troupe de Salpêtriers et Charbonniers.
Troupe de Citoyens et Citoyennes.
Deux Enfans.
Troupe de Militaires de terre et de mer.

*La Scène est à Brest,*

# LE NAUFRAGE
## *HÉROÏQUE,*
## DU VAISSEAU LE VENGEUR,
## OPERA.

## ACTE I.

Le Théâtre represente une place publique. On voit dans le fond, l'entrée de l'arsenal et plusieurs magasins d'artillerie. La place est éclairée par un reverbère.

La Scène se passe au milieu de la nuit.

## SCENE PREMIÈRE.

LA DISCORDE *un flambeau ardent à la main. Elle parcourt le Théâtre.*

### RECITATIF.

De ce port si fameux qui blesse mes regards
Pour jamais serai-je bannie ?

A 2

La Liberté, ma cruelle ennemie,
Y fait flotter par-tout ces nombreux étendarts;
Elle ose braver ma furie,
Et soumettre tout à sa loi...
Doit-elle dans ce port triompher malgré moi ?
Suis-je donc la Discorde ? et l'enfer qui m'inspire
Verrait anéantir ma gloire et mon empire ?

### AIR.

Eveillons ces foibles mortels;
Dont la timidité m'étonne;
Armons les bras tremblans de ces soutiens du trône
Qui depuis si long-temps encensent mes autels.
A l'instant où tout doit céder à ma puissance,
Un Sénat imposant trahit mon espérance,
Et partout met obstacle à mes vastes desseins....
Faisons éclater ma vengeance
Contre ces fiers Républicains.

*Elle parcourt la scène, d'un air agité.*

Mais les agens des rois n'arrivent point encore;
Ne sont-ils pas instruits qu'au lever de l'aurore,
Les soldats, les marins doivent se réunir
Pour aller protéger ce convoi redoutable
Que des Américains le zèle infatigable
Vers ce rivage a fait partir....
Au devant de leurs pas hâtons-nous d'accourir.

*On entend tout-à-coup un bruit souterrain : la Famine et la Trahison sortent de la terre.*

*A part.* Quelles Déités du Ténare,
Paraissent devant moi !..

## SCENE II.
## LA DISCORDE, LA FAMINE, LA TRAHISON.

### LA FAMINE ET LA TRAHISON.
*Ensemble.*
### DUO.

Nous venons te servir.
Nous venons présider au coup qui se prépare.
Discorde, unissons-nous, que rien ne nous sépare;
Ce jour vengera notre affront.

### LA TRAHISON.

Reconnois tes enfans,... je suis la trahison ;
Et tu vois avec moi la puissante Famine
L'instrument des complots de la guerre intestine;
Nous sommes les agens du ministère Anglais,
Et Pitt par son génie assure nos succès.

### LA DISCORDE, *en les pressant dans ses bras.*

Eh ! bien unissons-nous pour détruire la France ;
Nous pouvons dès ce jour abattre sa puissance.
Ah ! voici l'Angleterre !....

## SCENE III.

Les précédens, l'ANGLETERRE.

L'ANGLETERRE *accourant*.

En proie à vos transports,
Pour confondre l'orgueil de cette République,
Qui veut anéantir le pouvoir Britannique :
Je viens joindre en ce jour ma rage à vos efforts.

LA DISCORDE.

Et l'Autriche ?

L'ANGLETERRE.

Tu peux compter sur sa puissance.
Contre nos cruels ennemis
Tous les princes du nord vont servir ma vengeance;
Avec l'Europe entière ils se sont réunis
Pour soumettre à nos loix la France ;
Bientôt de cet Empire immense
Nous partagerons les débris.

LA DISCORDE.

Le même intérêt nous domine :
Nous voilà rassemblés ; poursuivons nos travaux.
La Trahison et la Famine

Vont mettre en œuvre nos complots.

L'ANGLETERRE

Les moyens que j'ai pris pour désoler la France
Seront bientôt exécutés ;
Fruits d'une heureuse expérience,
Par Pitt et par Calonne ils furent inventés.
Ce n'est qu'en suscitant une guerre intestine,
Que l'on peut des Français assurer la ruine...
La superstition voit son empire usé ;
De la seduction employons l'artifice ;
Elle rendra le peuple à nos desirs propice...

LA DISCORDE.

Mais..je crois qu'en ce jour votre or est épuisé.

L'ANGLETERRE.

Pitt en a tant fourni, qu'il est aisé de croire
Que l'or doit nous manquer; mais les faux assignats
Qu'il a fait fabriquer remplacent nos ducats.
C'est par eux seulement que j'attends la victoire ;
Grace au talent de Pitt nous n'en manquerons pas.

*Elle montre un paquet d'assignats.*

En voici dix millions d'une nouvelle espèce,
Et bientôt cent milliards vont sortir de la presse...
Rassemblons ici nos agens ;
Avec profusion faisons-leur ces présens.

LA DISCORDE.

Ce trésor d'assignats nous sera nécessaire :

Mais, que la Trahison en soit dépositaire.

*L'ANGLETERRE donnant le paquet à la Trahison.*

Tiens, tu peux t'en servir pour les accapareurs,
Les intrigants adroits, et les conspirateurs.

## LA TRAHISON.

Je me charge de tout; comptez sur la prudence
De mes braves agens;...ils sont de bonne foi....

## LA DISCORDE.

Et toi, Famine, en diligence
Cours prévenir l'Anglais qu'un immence convoi
Par les Américains est conduit vers la France;
Profite de la nuit; pars, et que ta présence
Dans leur flotte jette l'effroi.

## LA FAMINE.

*AIR.*

Par les Américains je me vois outragée;
mais je serai bientôt vengée.
Je jure par le Styx, qu'avant la fin du jour
Leur flotte sera submergée....
Adieu, sur ce rivage attendez mon retour,

*Elle sort.*

## SCENE IV.

### LES PRÉCÉDENS.
### LA DISCORDE.

Pour répandre en tous lieux les horreurs de
    la guerre
Elle a de grands moyens; mais pour troubler l'état,
    Et ce redoutable Senat
Qui vient aux nations aporter la lumiere,
Et relever leurs fronts courbés dans la poussiere,
    Commençons par un coup d'éclat.
Brûlons cet arsénal à nos projets funeste;
    C'est le seul espoir qui nous reste.

### AIR.

Venez, enfans du styx, parraissez à mes yeux;
    Quittez votre demeure sombre,
    Pendant que la nuit, de son ombre
    Couvre encor la terre et les cieux.
Venez, enfans du Styx, paraissez à mes yeux.
Venez pour séconder mes transports furieux.
    Que les accès de votre rage
    S'étendent sur tout ce rivage;
    Mettez en cendre ces vaisseaux;
    Et, par la flamme et le ravage,
De ces Républicains détruisez les travaux.

## SCENE V.

*Les précédens*, DEMONS.

### Chœur de Demons

Discorde implacable,
Ta voix redoutable
Du fond des enfers nous a fait sortir,
Nous allons t'obéir.

*Tous ensemble.*

Que les accès de notre rage,
S'étendent sur tout ce rivage ;
Mettons en cendre ces vaisseaux,
Et par la flamme et le ravage,
De ces Républicains détruisons les travaux.

LA TRAHISON, *aux puissances*

Eloignez-vous, je vois paraître
Le chef de tous les conjurés.
C'est un agent de Pitt que vous devez connaître :
Mille pieges par lui sont déjà préparés.
De la ville et du port il sera bientôt maître.

### La Discorde

Eh bien ! nous te laissons ;. sur-tout ne manque pas
De prodiguer partout ces nouveaux assignats.

*La Discorde se retire, ainsi que les Démons.*

## SCENE VI.
## LA TRAHISON, UN CONSPIRATEUR.

LA TRAHISON *au Conspirateur, en le voyant paraître.*

Approche..

LE CONSPIRATEUR, *à demi voix.*

Auprès de toi je me rends en silence.

LA TRAHISON, *lui donnant le rouleau d'assignats.*

Tiens, reçois ce trésor immense
Que je dépose entre tes mains

LE CONSPIRATEUR, *examinant le rouleau.*

Bon, à présent, j'ai l'assurance
De vaincre le parti de ces Républicains.
Je vais faire trembler cette puissante horde
Qui s'oppose à mes grands desseins.

LA TRAHISON.

Remplis les vœux de la discorde ;
Va, compte sur l'appui de tous les Souverains :
Ils te devront leur gloire : .. avide de leurs graces,
Tu seras mis au rang de leurs plus chers amis ;
Les titres, les honneurs et les premieres places,
De tes hauts faits seront le prix.

LE CONSPIRATEUR, *vivement.*

Oui, je cours les servir avec un zèle extrême.

Quand je devrais être surpris,
Je saurai tout braver, et le supplice même.
Je viens de rassembler mes confidens discrets ;
Nous sommes certains du succès.
Mais je compte sur Pitt et sa faveur suprême.

## LA TRAHISON.

Il est ton protecteur : adieu, défends ses droits.
Sois le martyr du peuple, ou le vengeur des Rois.

*Le Conspirateur l'embrasse étroitement, et la Trahison se retire.*

*On voit paraître aussi-tôt dans l'éloignement, une troupe de Conjurés qui s'aprochent du Conspirateur en examinant de tous côtés, de crainte d'être découverts.*

## SCENE VII.

LE CONSPIRATEUR, *Troupe de Conjurés.*
LE CONSPIRATUR, *à sa suite.*

Venez chers compagnons ; mes plans sont infaillibles.

*Il leur distribue des assignats.*

Prenez ces assignats ; je veux vous enrichir.
A présent il est temps d'agir.
Voici ce magasin rempli de combustibles...
Vous savez mon projet ; tâchons de l'accomplir
Avant le lever de l'aurore.

*Ils parcourent ensemble le fond du théâtre d'un air mistérieux.*

## FINALE.

### CHŒUR DES CONJURÉS,

*A demie voix.*

Les Citoyens dorment encore
En paix; dans le silence escaladons ces murs...
Avant le lever de l'aurore
Embrâsons ces réduits obscurs.

*Le Conspirateur et les Conjurés se disposent à escalader les murs des magasins de l'arsenal: au même instant, une patrouille qui survient, les aperçoit. On tire un coup de fusil, et plusieurs escouades qui arrivent de tous côtés, empêchent les Conjurés d'exécuter leur projet.*

## SCENE VIII.

LE CONSPIRATEUR, LES CONJURÉS, UN OFFICIER DE MARINE, Troupe de Soldats armés.

### CHOEUR des Conjurés.

On vient nous surprendre...
Ciel ! quel parti prendre;
Deffendons-nous.

LES SOLDATS, *en les attaquant.*

Il faut vous rendre,
ou tomber sous nos coups !

*Après un leger combat, les conjurés sont désarmés, et ils se jettent tous aux pieds de l'Officier de marine, pour lui demander grace.*

Ensemble.
{
I<sup>er</sup> CHOEUR des Conjurés.

Nous nous rendons, épargnez-nous.

II<sup>e</sup> CHOEUR des Soldats.

Ils sont indignes de nos coups.
}

L'OFFICIER de Marine, *à sa suite.*

*Récitatif.*

Nous ne redoutons plus les odieuses trames
De ces conspirateurs infames :
Les traîtres sont vaincus, les voilà désarmés.
Au fond d'un noir cachot qu'ils soient tous enfermés.

*Les Soldats conduisent les Conjurés, et se retirent au son d'une marche.*

# FIN DU I<sup>er</sup> ACTE.

# ACTE II.

Le Théâtre représente le port de mer de Brest. On voit plusieurs vaisseaux prêts à faire voile.

## SCENE PREMIERE.

LE MAIRE, troupe de citoyens et de citoyennes, jeunes Soldats, Vétérans, Marins et Canonniers.

### Le MAIRE au peuple.

Fiers habitans de Brest, généreux citoyens
Qui toujours de l'état vous montrant les soutiens
Avez fait éclater le plus brulant civisme,
Et l'invincible horreur qu'on doit au despotisme,
L'aurore luit à peine, et déjà je vous vois,

Vengeurs de la patrie, accourir à sa voix.
L'Anglais féroce et vain, parjure et sanguinaire,
Pirate sur les mers, et tyran sur la terre,
N'osant se confier au fer de ses soldats,
Médite l'incendie et les assassinats...
Il est tems de punir cet infame insulaire;
L'univers est rempli du bruit de ses forfaits:
C'est par la trahison qu'il obtient des succès.
De ce peuple immoral le ministre perfide,
Pitt, l'ambitieux Pitt, dont l'orgueil est le guide,
Qui semblable à Cromwel, de cet usurpateur
Sans avoir le génie, a toute la fureur,
Ose nous attaquer pour envahir la France,
Et sur les trahisons fonde son espérance:
   Ce monstre audacieux et vain,
   Vil oppresseur du genre humain,
Dirige des tyrans la haine antropophage;
Il vient nous présenter la mort ou l'esclavage,
Et croit assujétir un peuple souverain....
Ne pouvant réussir, pour hâter sa ruine
Son arme la plus sûre est l'horrible famine.
Quand de l'Américain les généreux efforts
Vont porter l'abondance au milieu de nos ports;
L'Anglais qu'on vit toujours en France, en Amé-
   rique,
Combattre et détester la liberté publique,
Combinant tous nos maux, veut ravir ce secours
D'où dépend aujourd'hui le salut de nos jours...

Il fait plus.... ( connoissez toute sa perfidie...)
Un de ces vils mortels traîtres à la patrie,
　　Qui marchait sous nos étendarts,
Un de ces scélérats que l'Anglais salarie,
Devoit cette nuit même embraser nos remparts....
Du hideux royalisme arborant les bannières,
Il voulait égorger tous nos malheureux frères....
Vous frémissez.... Je lis déjà sur votre front
Les généreux élans de l'indignation....
Son crime est découvert, et de Pitt le complice
Subit en ce moment son trop juste suplice....
Il ne nous reste plus qu'à délivrer les mers
　　De ces tyrans de l'univers.
Nos vaisseaux sont armés, le vent nous est propice;
Intrépides Français, il est tems de partir....
Au fonds de leur répaire il faut anéantir
Ces tigres rugissans dont la féroce joie
S'élançait sur la France ainsi que sur sa proie.
De notre liberté les brillants étendarts
Vont porter la terreur au sein des Léopards...
L'orgueilleuse Albion ose attaquer la France?
De ses assassinats tirons enfin vengéance;
Faisons cesser le cours de ses longs attentats;
Républicains, marchons, et volons au combats?
Aux trahisons, au crime, à l'excès de la rage,
Opposons les vertus, et ce mâle courage,
Cet héroïsme ardent, cette intrépidité
Qu'un peuple de vainqueurs tient de la liberté.

　　　　　　　　　　　　　　　B

## CHŒUR.

*De tous les citoyens avec transport.*

Oui, marchons, combattons, ou périssons ensemble!
L'espoir de nous venger dans ces lieux nous rassemble.

### LE MAIRE.

Punissons ces brigands qu'ont vomi les enfers!
    De leurs trahisons, de leur rage
    Délivront la terre et les mers,
Et portons dans leurs murs la flame et le carnage!
    Écrasons ces monstres pervers!
    L'Anglais s'arme pour l'esclavage,
    Le Français pour rompre ses fers.

### CHŒUR.

Punissons ces brigands etc.

### UN OFFICIER VÉTÉRAN, *aux jeunes soldats.*

Nous vous suivrons par-tout, ô bouillante jeunesse;
L'horreur que nous inspire un peuple ami des fers,
    Idolâtre des rois pervers,
    Rend la force à notre vieillesse.
Ce monstre politique il le faut étouffer....
    Rome a sçu détruire Carthage:
    En abolissant l'esclavage
Les fiers républicains sont sûrs de triompher.

### CHŒUR.

    Rome a sçu détruire Carthage:
    En abolissant l'esclavage
De fiers Républicains sont surs de triompher.

## Un Citoyen.

Ah ! quand je vois de sang la Patrie inondée,
Que l'Anglais a dans Gênes égorgé les Français,
Qu'il arma les brigands de l'infâme Vendée,
Je frémis de tant de forfaits....

## Une Citoyenne *avec fermeté.*

Eh bien ! dans Albion, sur cette infâme plage,
Que les intrépides Français
Fassent tomber la foudre que l'Anglais
Ose faire gronder jusques sur ce rivage.
Lorsque la Liberté que nous adorons tous,
Arme en ce jour, pour sa défense,
Nos fils, nos freres, nos époux,
Tous les républicains guidés par la vengeance,
Pour terrasser ces scélérats,
Sont jaloux de nous suivre au milieu des combats.

## Un Citoyen *vivement.*

Oui. Nous allons venger ces milliers de victimes
Que l'insolent rival des Français magnanimes
A fait expirer sous ses coups ;
Nous exterminerons ces artisans des crimes ;
Qu'ils éprouvent les maux qu'ils ont lancé sur nous!

## CHŒUR.

Frappons, exterminons ces artisans des crimes ;
Qu'ils éprouvent les maux qu'ils ont lancés sur nous

## UNE CITOYENNE.

### AIR.

Vils soutiens de la tyrannie,
Fuyez, disparaissez à nos tendres regards.
Allez en d'autres lieux vous couvrir d'infamie.
 Et vous, enfans de la patrie,
  Sur le trône des léopards
  Allez plantez vos étendards.
La sainte liberté nous brule de ses flâmes :
De tendresse et d'amour elle embrase nos cœurs.
Jeunes héros Français, pour régner sur nos ames
De ce dernier combat revenez tous vainqueurs.

### CHŒUR.

 Dans ce grand jour la République
Vaincra l'infâme Pitt et ses cruels agens.
Ils verront tous bientôt leur orgueil despotique
  Céder à nos bras triomphans,

### LE MAIRE.

Qui de nous pour l'Etat n'exposerait sa vie ?
De nos concitoyens je vois l'heureux concours....
Ils viennent sur ce port nous offrir leurs secours,
Les uns leurs bras, d'autres leur industrie....
Tout vole à ta défense, ô ma chère patrie!

## SCÈNE II.

Les Précédens, troupes de salpêtriers et de charbonniers avec leurs femmes et enfans *qui portent un pain de Salpêtre.*

LEMAIRE *aux salpêtriers.*

Approchez, effroi des tyrans,
Et de la France heureux enfans.

UN SALPÊTRIER.

Nous offrons à l'état le produit de nos veilles;
Que l'Europe étonnée admire nos merveilles.
En vain nos ennemis ont uni leurs complots;
Nous bravons leurs poignards, nous surmontons
  leurs pièges;
Ce salpêtre vengeur, le fruit de nos travaux,
Nous fera déjouer leurs projets sacriléges :
  Nous avons le cœur et les bras
  D'hommes libres et faits pour l'être ;
  Nous avons du fer, des soldats;
Il ne nous restoit plus qu'à créer du salpêtre...
  Frémissez, cruels oppresseurs !
Non, nous ne voulons plus ni rois, ni dictateurs;
  Sans cesse armés pour les combattre,
S'ils osent s'élever, nous saurons les abattre;
  Nous renverserons leurs autels.
  Nos bras, pour les réduire en poudre,

Forçent la terre même à produire la foudre.
La République enfin vengera les mortels.

### AIR.

Par nous le salpêtre s'allume :
Le marteau fait gemir l'enclume ;
Pour foudroyer tous les tyrans,
Nos mains enfantent des volcans.
La liberté par ses brulantes flâmes
Nous soulage dans nos travaux :
Elle fait bouillonner nos ames,
Autant que le salpêtre au sein de nos fourneaux.

### LE MAIRE aux citoyens.

J'admire, chers amis, ce tranport unanime ;
Vous avez tous le droit de voler aux combats :
Vous voulez partager cette gloire sublime ;
Mais la prudence ici doit retenir vos pas.
Notre représentant fidele
Doit seul régler nos mouvemens divers,
Modérez vos tranports et cet excès de zèle....
Tandis que nos guerriers vont, sur le sein des mers,
Cueillir une palme immortelle,
Et braver les plus grands hazards,
Nous pourrons affronter la mort sur ces remparts,
Et prouver à l'Anglais, par notre résistance,
Ce qu'est un peuple armé pour son indépendance
Ou si le sort trompoit nos braves combattans,
Ou nous verra périr sous ces débris fumants.

## UN CITOYEN.

### AIR:

Eh bien ! nous avons tous la glorieuse envie
De vaincre ou de mourir en servant la patrie.

*( On entend un roulement de tambours : le représentant du peuple arrive avec une nombreuse suite de marins et de guerriers.)*

---

## SCENE III.

LES PRÉCÉDENTS, LE REPRÉSENTANT *du peuple*, Troupe de Marins, Troupe de Guerriers.

*CHŒUR des Citoyens qui vont au devant du Représentant :*

Oui ! d'écraser l'Anglais nous faisons les sermens !
Vive la République et ses Représentans !

*Roulement de Tambours.*

LE REPRÉSENTANT *du peuple Aux Citoyens qui l'environnent.*

GÉNÉREUX Citoyens ! votre patriotisme,
Vos mœurs, votre courage, et votre ardent civisme,
Vous ont fait distinguer parmi nos deffenseurs
Qui combattent les rois, et les conspirateurs.
Accueilli parmi vous, votre vertu sublime
Vous a sçu dès long-tems conquérir mon estime :

B 4

La Nation vous voit d'un œil reconnoissant.
On vous a vu braver ce concert menaçant
De scélérats ligués pour nous donner des maîtres ;
Vous avez déjoué tous les complots des traîtres ;
Vous avez surmonté tout.... et même la faim....
Je viens vous annoncer un plus heureux destin,
Un immense convoi.... l'Américain fidèle,
Pour notre liberté brulant du plus beau zele,
  Nous envoie un puissant secours,
Et l'abondance enfin va régner pour toujours !
Il est vrai que l'Anglais que la cruauté guide,
( Car les soldats des rois sont féroces comme eux )
Voudrait nous enlever ce secours prétieux....

  *( en tirant son sabre. )*

Mais ce fer trompera son espoir homicide ;
Et le représentant d'un Peuple Souverain,
Ou reviendra vainqueur d'un ennemi perfide,
Ou devant lui mourra les armes à la main.

*( Le maire et ensuite les citoyens l'embrassent avec transport.*

---

## SCENE IV.

LES PRÉCÉDENS, un OFFICIER de Marine.

L'OFFICIER *au Représentant.*

J'accours pour t'informer qu'à l'instant un pilote,
Du haut de son navire, a découvert la flote

Que le vent conduit vers ce port...

LE RÉPRÉSENTANT *avec émotion.*

Ah mon ami, quel heureux sort!
Cette flote a bravé les horreurs du naufrage;
Elle n'est point encore à l'abri du pillage:
Empêchons que l'Anglais ne puisse l'investir;
Allons protéger son passage:
Rassemblons nos soldats, il est tems de partir.

*L'officier donne un signal, les tambours font un appel, et tous les soldats de l'escadre, faisant une évolution, se rangent en bataille devant le Représentant du peuple.*

LE RÉPRÉSENTANT *aux soldats*

Intrépides guerriers que la gloire accompagne,
Dans le cours de cette campagne
La victoire s'empresse à marcher sur vos pas:
Si l'Anglais nous attaque, il faut braver sa rage
Et punir ses noirs attentats.
Sa défaite en ce jour doit être votre ouvrage:
Que vos hardis travaux ne vous rebutent pas
Et l'immortalité sera votre partage.
Esclaves des tyrans qui nous avaient soumis,
Nous étions opprimés; notre brulant civisme
A renversé leur despotisme;
Redoublons nos éfforts, soyons toujours unis.

*aux jeunes soldats.*

Et vous, jeunes marins, l'espoir de la patrie;

La liberté veille sur vos destins ;
Elle vous donnera la force et le génie,
L'intrépidité, l'énergie
De nos héros républicains.
Au sein de l'océan, dans ce jour mémorable,
Venez vous signaler par les plus grands exploits ;
Aimez la discipline, obéissez aux loix ;
Épargnez l'innocent, punissez le coupable,
Et de l'homme opprimé faites valoir les droits.
Vous ne gémirez plus sous un joug déplorable ;
Le ciel sensible aux maux que nous avons soufferts
D'un peuple libre et juste exauce la prière....
Des victimes des rois allons briser les fers.
Détruisons le pouvoir des tyrans de la terre,
Et que la liberté règne dans l'univers.

*Ils entrent tous dans leurs vaisseaux, au pas de charge.*

## FIN DU II<sup>e</sup> ACTE.

# ACTE III.

Le Théatre représente une partie du port d'où l'on découvre la pleine mer, et sur les cotés, dans l'éloignement, deux grandes tours sur lesquelles on voit flotter le pavillon national. Une statue colossale de la Liberté est placée parmi des arbres sur un côté du Théatre quelques maisons et des remparts en entourent l'enceinte.

## SCENE PREMIERE.

*Plusieurs sentinelles qui gardent l'entrée du port sont placées de distance en distance.*

*Un* OFFICIER *de marine,* SOLDATS, TAMBOURS, *une troupe de Soldats commandés par un Officier de marine, arrive sur l'air d'une marche: ils font le tour du théatre, et ensuite relevent les sentinelles et se retirent.*

AIR *de Marche:*

*A la fin de l'air on voit paraître le* MAIRE *avec sa suite.*

*Le* MAIRE, *un* CITOYEN, *plusieurs autres* CITOYENS *et* CITOYENNES.

### Le Maire *au Citoyen.*

NOUS avons vu partir notre flotte guerrière,
Et l'Anglais combattu par nous
Verra bientôt son arrogance altière
Expirer enfin sous nos coups !

### Le Citoyen.

L'Anglais est plus nombreux, mais sa noire furie
Ne fait qu'accroître nos lauriers ;
Et toujours nos braves guerriers
Ont triomphé du nombre et de la perfidie,...

### Le Maire.

Partage, cher ami, mon espoir, mes transports ;
Oui ! nos vaillans guerriers, par leurs brillans efforts,
Vont par-tout se couvrir de gloire !
Des Français peuvent-ils douter de la victoire ?

*On entend de loin une simphonie et l'on voit paraître une troupe de citoyennes vêtues de robes blanches avec la ceinture tricolore accompagnées de leurs enfans et d'une partie de gardes nationaux.*

## SCÈNE II.

LE MAIRE, les CITOYENS, les jeunes CITOYENNES avec leurs enfans, plusieurs SOLDATS armés.

*Toutes les Citoyennes avec leur suite viennent se ranger autour de la statue de la Liberté et placent un autel où brûlent des parfums, après l'avoir orné de guirlandes et de fleurs.*
*Cérémonie religieuse pendant laquelle le peuple rend hommage à la Liberté.*

LE MAIRE *devant la statue de la Liberé.*

Déesse des grands cœurs! du sein des immortels
    Tu vois nos fières Citoyennes
Qui viennent en ce jour encenser tes autels.
    Quand nos injures sont les tiennes,
Viens combattre avec nous nos ennemis cruels!

UNE CITOYENNE.

*AIR.*

O LIBERTÉ! protége un peuple magnanime!
Contre tous les tyrans diriges ses vaisseaux :
    Les mers ouvriront leur abîme
    Pour ensevelir tes rivaux.

Que le Français vainqueur brise les fers du monde;

Que l'infâme Albion, en crimes si féconde,
D'un peuple qu'elle outrage admirant la vertu,
Puisse voir en ce jour son pouvoir abattu!

O Liberté! protége un peuple magnanime etc.

  C'est par toi que chaque mortel
Brûle du feu sacré de servir sa Patrie,
  Nous avons juré sur l'autel
  De lui consacrer notre vie,
  Pour concourir à son bonheur,
En détruisant l'espoir d'un barbare oppresseur.

O Liberté! protége un peuple magnanime.
Contre tous les tyrans dirige ses vaisseaux,
  Les mers ouvriront leur abime
  Pour ensevelir tes rivaux.

*A la fin de l'Hymne, on entend de loin une vive canonade: les citoyens expriment par différens mouvemens leur inquiétude sur le sort du combat naval: le MAIRE fait tous ses efforts pour les rassurer, mais une partie des citoyens s'éloigne de lui d'un air troublé.*

### LE MAIRE.

Amis, ne craignez rien : dissipez vos alarmes;
  La victoire sera pour nous :
  Avec du courage et des armes,
  Des tyrans nous bravons les coups!

*Plusieurs citoyens sortent avec agitation.*

( 31 )

Une Citoyenne *pressant dans ses bras deux enfans.*

Hélas! nous avons tout à craindre
Pour nos enfans, pour nos époux!...

Le Maire *avec fermeté.*

Citoyenne? pourquoi vous plaindre?
Le vrai Républicain est au dessus du sort,
Et d'un même œil il voit la victoire, ou la mort.

*Le bruit du canon continue.*

## SCÈNE III.

Les Précédens, un Citoyen *tenant un flambeau ardent à la main, troupe de Citoyens portant des flambeaux.*

Le Citoyen *accourant vers le Maire.*

La flotte des Anglais remportant l'avantage
Au convoi ferme le passage....

Un Citoyen *agitant son flambeau.*

AIR.

Oui! si par malheur les destins
De nos braves guerriers trahissoient la vaillance,
Voilà notre seule espérance.

Nous mourrons sous ces murs embrasés par nos mains!

*Tous les citoyens approuvent par leurs gestes cette résolution généreuse.*

**CHŒUR** *général.*

Ah! si par malheur les destins
De nos braves guerriers trahissoient la vaillance,
Voila notre seule espérance,
Nous mourons sous ces murs embrasés par nos mains!

---

# SCENE IV.

LES PRÉCÉDENS, les SOLDATS Anglais, les SOLDATS Français.

*On entend de loin plusieurs coups de canon, ensuite on voit paraître deux vaisseaux. Le vaissau Anglais prend la fuite et disparoît. Le vaisseau le Vengeur qui vient de battre l'Anglais, est tout-à-coup investi par plusieurs autres vaisseaux ennemis.*

*Après avoir essuié la plus vive canonade, on voit le Vengeur, accablé par le nombre, ouvert de toutes parts, et prêt à périr s'il refuse de se rendre.*

CHŒUR

### CHŒUR des Anglais,
*pendant le combat.*

Cédez au pouvoir Britanique !
Il faut ou vous rendre ou périr !...

### CHŒUR des Français,

Tyrans ! jusqu'au dernier soupir
Nous deffendrons la République !
Le Français doit vaincre ou périr ?

### LES ANGLAIS,

Cédez au pouvoir Britanique !

### LES FRANÇAIS,

Non non ! vive la République !
Avec les rois point de traité !

*Ils s'embrassent en agitant leurs pavillons tricolores.*

Nous mourrons pour la République
Pour la Patrie et pour la Liberté !

*Le vaisseau s'engloutit.*

### CHŒUR des Anglais,
*Pendant le naufrage du Vengeur.*

Quel courage héroique,
Et qu'elle fermeté !

## SCENE V.

LE MAIRE, CITOYENS, CITOYENNES, et leurs enfans *dans la consternation.*

### UN CITOYEN au Maire.

Nous n'avons plus d'espoir ! qu'elle calamité !
O ciel ! pour mon cœur quel supplice !..

### LE MAIRE.

Nos guerriers sont vaincus.... c'en est fait ... et
    le sort
A du féroce Anglais secondé l'injustice :
Un oppresseur barbare est enfin le plus fort ?
    Il faut que la vertu périsse ?..
Consumés par l'airain de nos vils ennemis,
    Ou sous les ondes engloutis,
Nous voyons nos vaisseaux céder à la tempête..
    tout nous annonce leur deffaite...
    Eh bien ! puisqu'il n'est plus d'espoir,
Vous qu'un même interêt auprès de moi rassemble,
Chers citoyens, mourons, périssons tous ensemble !
Le salut des vaincus est dans leur désespoir !
Secondez-moi ! portons le feu sur ces murailles ;
Nous n'avons pu périr au milieu des batailles,
Mais il nous reste encore un destin assez beau ;
us nos murs embrasés creusons nous un tombeau

*La canonade continue; les vaisseaux Anglais prennent la fuite.*

*Le Maire et tous les citoyens jettant leurs flambeaux se portent en foule au devant du Représentant du peuple victorieux qui débarque avec toute sa suite.*

CHŒUR

Victoire ! Victoire !

---

SCENE VI. *et dernière.*

LE REPRÉSENTANT du Peuple, LE MAIRE, les CITOYENS et CITOYENNES, SOLDATS FRANÇAIS.

LE REPRÉSENTANT du Peuple *aux Citoyens.*

La plus éclatante victoire
A conduit dans ce port un peuple de héros.
Nos guerriers vainqueurs sur les flots,
Couverts des lauriers de la gloire,
Reçoivent dans ce jour le prix de leurs travaux.
Dans ce combat le plus terrible,

Que jamais on ait vu sur mer ;
Les Anglais, Qui lançoient et la flamme et le fer ;
En frémissant ont vu le courage invincible
Des fiers Republicains qui montoient le Vengeur...
Ils les ont vus parmi la mort et le carnage
Résister à leurs coups, lutter contre leur rage ;
Et n'écouter jamais que la voix de l'honneur ?...
Sans espoir de secours, à l'aspect du naufrage,
Les blessés, les mourans, dans ces momens d'horreur
Sont portés sur le pont.... alors tout l'équipage,
Plutôt que de traiter avec des scélérats,
D'une voix unanime invoque le trépas.....
La mer les engloutit dans ses profonds abimes...
Les cris, les derniers vœux de ces héros sublimes
Sont pour la République et pour la Liberté !
  Victimes de la tyrannie,
Ils se sont affranchis de la captivité
  En expirant pour la patrie !...
Amis ! ne plaignons point ces généreux Français !
  Par leur dévouement héroïque,
Ils ont trompé l'espoir des léopards Anglais :
Ils sont morts en criant vive la République !
Leurs lâches ennemis ne les ont point vaincus ;
Honorons leur civisme, et chantons leurs vertus

  CHŒUR *général.*

 En célébrant notre victoire,
 De ces héros couverts de gloire
Admirons le courage et chantons les vertus !
 Leurs lâches ennemis ne les ont point vaincus !

# HYMNE

## UN CITOYEN.

La Liberté vient de détruire
L'ambition de nos rivaux
Les mers dont ils briguaient l'empire
Deviennent enfin leurs tombeaux
Liberté ! tu dissous le pouvoir britannique !
Et Par toi les Marins délivrés de leurs fers
En bénissant la République
Vogueront en paix sur les mers,

## CHŒUR.

En bénissant la République
Vogueront en paix sur les mers;

## UNE CITOYENNE.

Oppresseurs lâches et perfides,
Méditez les assasinats :
Les vertus nous servent d'égides
Contre vos affreux attentats,
Liberté ! rien ne peut égaler ta puissance
Ton bras vengeur des rois confondant les desseins
Garantit l'homme sans deffense
Du poignard de ses assasins,

## CHŒUR.

Garantit etc,

## UN SALPÊTRIER.

Du Vengeur les héros sublimes
Par le devouement le plus beau
Des mers invoquant les abymes
Ont tous péri dans leur vaisseau.
Liberté ! nous saurons égaler leur civisme
Nous vaincrons sous tes loix les Anglais, les Germains;
Du Vengeur l'ardent héroïsme
Embrâse les Républicains !

### CHŒUR.

Du Vengeur etc.

## UN CITOYEN ET UNE CITOYENNE,

### DUO

O Liberté ! reçois l'hommage
Des Citoyens reconnaissans !
Tu nous as donné le courage
Qui nous fait dompter les tyrans !
Liberté ! le Français à tes loix est fidèle;
Animé par ta voix, comblé de tes bienfaits,
Il te doit sa gloire immortelle,
Ses vertus et ses grands succès !

### CHŒUR

Il te doit sa gloire immortelle,
Ses vertus et ses grands succès !

FIN

www.ingramcontent.com/pod-product-compliance
Lightning Source LLC
Chambersburg PA
CBHW060707050426
42451CB00010B/1312